AF497938

LES FAÏENCES

LES
FAÏENCES

SPÉCIALEMENT

CELLES D'ORIGINE PICARDE

2ᵉ ÉDITION

AVEC NOTES

SUR LA CÉRAMIQUE ARMORIÉE ET CHIFFRÉE

ET DOCUMENTS DIVERS

PLANCHES COLORIÉES, MARQUES & FAC-SIMILE

PAR F. POUY

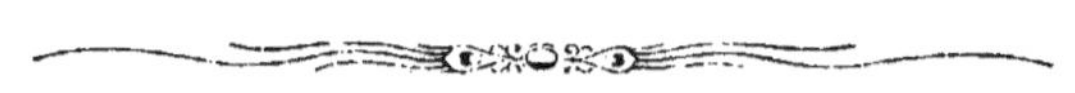

PARIS

LIBRAIRIE DÉTAILLE

10, RUE DES BEAUX-ARTS, 10

1873

Le bon accueil fait par les amateurs à la première édition de ce petit travail sur la céramique, tiré d'ailleurs à un nombre fort restreint d'exemplaires, m'encourage à mettre au jour cette deuxième édition, augmentée du résultat de quelques observations nouvelles, notamment en ce qui concerne les faïences de Sinceny, les faïences blasonnées et chiffrées, les terres et faïences de Douai, Valenciennes, les faïences herborisées, etc.

Nous reproduisons ici, en commençant, ce que nous avons dit dans notre première édition, et qui est encore vrai aujourd'hui :

Les événements terribles qui viennent de passer sur la France, n'ont en rien diminué la vogue des collections, l'ardeur des amateurs ; jamais les ventes publiques n'ont été plus suivies, les visites chez les marchands plus fréquentes.

J'ai vu vendre, un seul cachepot de forme droite, de la fabrique de Rouen, décor bleu et rouille, à figures d'amours et chinois, la somme de 165 francs, deux moules à fromage en forme de fleurs de Lys, mais dont l'écusson royal m'a paru moderne 190 fr. ; une belle cruche, de Rouen, décor, polychrôme et médaillon représentant Sainte Catherine, la somme énorme de 200 francs ; quatre assiettes de même fabrique armoriées, en camaïeu bleu, 100 ; puis une simple petite ménagère, décorée de fleurs, 26 fr. Les pièces capitales atteignent des milliers de francs.

Je ne cherche pas à expliquer ces prix, mais il est bon de les constater, pour montrer que les commotions les plus violentes et les soucis de l'avenir n'entravent en rien le goût de la curiosité ; et cette observation ne s'applique pas seulement aux faïences, mais encore aux tableaux, aux gravures, aux livres à figures des xvij⁰ et xviij⁰ siècles, en général à tous les objets d'art.

Jamais l'amour des jouissances artistiques n'a été plus répandu.

Les sujets libres en tous genres atteignent surtout des prix insensés. Au taux actuel de toutes ces choses gaillardes combien vaudrait la cuvette de la collection R. M....? Cette sorte de décors est digne de l'époque de la Régence, ou bien encore du temps où Rétif disait : « Toutes les jolies femmes que j'ai rencontrées je les ai suivies, toutes les femmes que j'ai suivies je leur ai parlé, le plus grand nombre de celles à qui j'ai parlé m'ont écouté. » Quelle perspective ! s'écrie Monselet, le meilleur biographe de Rétif. Ce qui n'empêche que les grands personnages de la cour ont voulu connaître et inviter à leur table celui qui a écrit ces lignes.

Il y a dans ce retour aux galanteries d'un autre temps, et dans leur extension à toutes les classes de la société, matière à réflexion pour les Balzac de nos jours.

Ils nous diront si cette renaissance est pour reposer les yeux et les idées des horreurs de la guerre, ou si elle est due à toute autre cause.

Il y a de plus, surtout une autre direction à donner à l'art moderne, qui pourrait être gracieux, sans redevenir licencieux ; les sujets érotiques ne sont après tout que des exceptions.

On trouvera dans les divers exemplaires de cette édition un fac-simile des signatures et monogrammes qui existent sur diverses pièces de Sinceny et une planche de blasons. On y verra aussi le fac-simile d'une assiette représentant l'exécution de Louis XVI. Le doute n'est plus permis aujourd'hui sur le caractère d'ancienneté de ce genre de céramique révolutionnaire : on sait qu'il est d'invention moderne. Nous en donnons un fac-simile, afin que nul ne se trompe sur l'âge de cette horreur historique, mise nouvellement en faïence (1).

---

(1) M. Lemor possède dans son intéressante collection une assiette semblable à celle de M. Debonne, que je viens de décrire, où l'on voit l'instrument qui a

En 1672 et en 1689, le roi Louis XIV ordonnait de fondre toute la belle argenterie qui s'étalait alors avec profusion sur la table des grands. Il fallut remplacer cette vaisselle d'argent par de la vaisselle de faïence et de terre. On prenait tant de soin de ces objets nouveaux, dont la vogue fut immense, qu'alors il se forma tout un peuple de racommodeurs de faïence, afin de la faire durer plus longtemps (1).

Les lois somptuaires donnèrent donc un grand essor à l'industrie faïencière, comme on le voit par un court exposé sur divers genres de faïences fabriquées en France.

Cependant la faïence n'était pas encore en vogue du temps de Mazarin, car la *Muse historique* de Loret nous apprend que le célèbre cardinal

> Traita deux rois, traita deux reines,
> En plats d'argent, en porcelaine.

servi au supplice de Louis XVI, elle porte pour inscription : « L'an second de la République. — *Exécution de Louis Capet*, 21 janvier 1793. » On y voit sept personnages, y compris *Monsieur de Paris*, habillé de vert et de jaune, et montrant aux spectateurs la tête de la victime. Cette pièce où le vert, le violet et le jaune dominent comme coloris, même pour le sang répandu, est assurément postérieure à l'horrible scène qu'elle représente. On voit chez le même amateur un saladier à sujet libre, qui nous paraît aussi de fabrication moderne ; mais à côté, que de choses précieuses véritablement anciennes, et choisies avec goût.

(1) On fit au siècle dernier une chanson plaisante intitulée : *Le Raccommodeur de Faïence.*

> Je vais dans toutes les maisons
> Pour raccommoder la fayence ;
> Des pots je rejoins les tessons,
> Des cruches je recouds les panses.
> Vous savez qu'à Paris,
> Comme dans tous Pays,
> Je dois faire fortune ;
> Les pots, les cruchons, mes amis
> Sont choses très-communes.

LES FAÏENCES

⁓⁓⁓

Faïences du Midi, le Moustiers.

Sous Louis XIV, les faïenciers de Moustiers adoptèrent
comme décoration, les sujets mythologiques, et copièrent souvent *Franck Floris*. Ils façonnèrent des plats de grande dimen-
sion ovales ou ronds, des bassins pour faire refroidir le vin,
des plateaux à bords droits, découpés à jour, sans destination
précise, des pots de pharmacie, des vases de jardin, des fontaines, des hanaps, des encriers décorés de beaux *camaieux* à
fleurs de cobalt, dans le genre Rouennais, mais avec une vigueur, une entente, une fermeté de lignes très-remarquables,
et enrichis de sujets copiés sur des gravures connues du temps ;
tels sont les types de l'industrie des Clérissy.

Au milieu du xviii° siècle on adopta le style de Bérain, celui
d'André Boulle, réminiscence d'Androuet Ducerceau. L'art
perd en fermeté ce qu'il acquiert en fantaisie et en délicatesse.
C'est l'ère des entrelacs et des amours, des baldaquins abritant
des reines maritimes et des neptunes. C'est aussi le temps des
écussons d'armoiries, répandus avec profusion. La vogue des
Clérissy était telle qu'on voit vers 1745 Madame de Pompadour
leur commander un service dont la facture s'élevait à 10,000
livres. Toutes les pièces de ce service ne furent sans doute pas
détruites, et plus d'un collectionneur de nos jours en possède
peut-être des échantillons, dont la valeur serait singulièrement
augmentée aux yeux des fanatiques d'une telle origine. (1).

---

(1) On sait que la vaisselle de la Pompadour portait ses armes, qui étaient
d'azur, à trois tours d'argent maçonnées de sable.

Il en est qui paieraient bien cher jusqu'aux vases les plus secrets des illustres prostituées de ce temps-là.

On sait par l'abbé Féraud que le service de la belle pécheresse était orné d'une *décoration polychrôme*; ainsi le *camaieu bleu* n'était plus la seule ressource de la palette des Clérissy à cette époque. On trouve, en effet, de cette période quelques pièces de Moustiers décorées dans le style de Bérain, où plusieurs couleurs apparaissent, mais en petit nombre et trèssobrement employées. L'effet que produit cette gravure incomplète, dit M. Oscar Honoré, a quelque chose de sec et de transitoire, que devait faire oublier le décor polychrôme de Rouen franchement adopté et surpassé par Joseph Olery, dans la seconde moitié du règne de Louis XV. Ces faïences, reconnaissables à leur genre tout autant qu'à leur monogramme ordinaire (*un O traversé d'un L*), rivalisent avec la porcelaine, par leur délicatesse et par le fini des peintures, fleurs, fruits, poissons etc., par lesquels Olery cherchait à se distinguer de ses concurrents.

La bataille de Fontenoy fut célébrée par des faïenceries, comme on le voit par les quelques pièces connues.

Jusqu'à la révolution, la fabrique de Moustiers eut comme rivales, celles de Varages, de Clermont-Ferrand, de Monpellier, de Nîmes, de Toulouse, etc., où l'on fabriquait des pièces quelquefois confondues avec le Moustiers.

La foire de Beaucaire était un débouché notable pour ces productions.

Fleurs, insectes, papillons étaient les éléments décoratifs de la fabrique de Montpellier, imités de celles de Marseille, comme les personnages à la manière de Calot furent pour un temps le type caractéristique des faïences de Moustiers.

Pour connaître la faïence de Marseille, fabriquée sur la fin du xviie siècle et au commencement du xviiie, il n'y a qu'à visiter la pharmacie de l'Hôpital de Narbonne, garnie exclusivement de pots façonnés et peints chez les Clérissy Marseillais. C'est vers 1749 que les décors polychromes, inventés par

Honoré Savy, vinrent remplacer les camaïeux bleus et violets
de la faïence de Marseille (1).

MM. Genlis et Rudhart, peintres céramistes, imitent aujourd'hui l'ancien Moustiers de manière à s'y méprendre.

Faïences diverses.

Ainsi qu'on vient de le voir, l'art de décorer les faïences en
France, ne remonte pas au-delà du xvie siècle.

Les faïences de Perse à fond bleu, ornées de dessins blancs,
posés en relief, ont été imités surtout à Rouen et à Nevers. On
fit aussi des dessins bleus sur fond blanc.

Ce n'est que plus tard que la mode des sujets chinois fut en
vigueur. En 1765, Louis XV permit en France la fabrication
des porcelaines et faïences « *dans le genre de celles de la Chine,
tant en blanc que peintes en bleu et blanc et en camaïeu d'une
seule couleur.* »

Je ne crois pas pourtant que l'on ait attendu la permission
royale donnée en 1765, pour adopter le genre chinois; je suis
au contraire porté à croire que bien avant cette époque, le
décor du céleste empire avait fait son apparition.

La porcelaine à décor bleu, genre chinois, que certains amateurs estiment aujourd'hui, ne faisait pas il y a cent ans l'admiration de nos aïeux, si j'en crois les auteurs du *Grand voca-
bulaire*, qui s'expriment ainsi à cet égard :

« C'est seulement la faïence commune qui est peinte en
bleu, à la façon de la porcelaine de Chine. »

Ce lexique ajoute que la beauté de la faïence dépend de la
blancheur de la couverte, qui doit être bien fondue, très-mince,
et d'une égale épaisseur partout. L'émail ne doit pas être sujet
à s'écailler.

Ajoutons que la fusion des dessins, la variété et l'éclat des

(1) Voyez : *Histoire des Fayences de Moustiers, Marseille, etc., par Davillier,*
Paris, *Castel,* 1863, in 8°.

couleurs, l'élégance de la forme et des modèles augmentent singulièrement la valeur et la beauté des faïences.

Les dessins obtenus par le procédé du poncis, n'ont pas, à mon avis, l'attrait de ceux faits au pinceau, ils sont froids et compassés, et ont un véritable air de ressemblance avec la *décalcomanie*. Le cachet artistique des faïences en est singulièrement amoindri et leur valeur commerciale d'abord assez élevée, a beaucoup diminué depuis quelques années.

Les pièces monumentales, les groupes, les bustes, les figures modelés en ronds bosse, sont les morceaux les plus rares et les plus recherchés; leur fabrication était à peine de 40 à 50 sur 1000 objets dans certains établissements. C'était surtout à l'usage de la table que la faïence était destinée.

Cette proportion était toutefois plus considérable dans les fabriques des Pays-Bas, où l'on a exécuté un assez grand nombre d'objets d'ornement, de plaques, de statuettes, etc.

Alexis Monteil fait un grand éloge de la faïence Nivernaise au xviie siècle, il admire les peintures bleues, jaunes, armoriées, qui sont fixées sur émail par la seconde cuisson. On ne travaille pas mieux à Rouen, dit-il, « dont la belle faïence violette est si connue. » Il trouve que les faïenciers de ce temps sont de plus en plus dignes de leur ancien maître Barthélémy Boursier (1).

A mesure que l'on approche du xviiie siècle, le dessin perd de sa sévérité, le genre gracieux et les formes contournées règnent en maîtres.

Au commencement du même siècle, on fabriquait aussi des gourdes de diverses formes dont les décors sont souvent un peu lâchés. Le Musée d'Amiens en offre un spécimen malheureusement endommagé, mais on voit encore sur la face un Saint Laurent, au milieu d'un paysage, le tout en camaïeu bleu; le revers porte cette inscription joyeuse qui reflète bien les mœurs de nos aïeux :

(1) Tome IV, page 224.

> Souvent dans les festins
> Je suis la plus chérie
> Les mes (mets) les plus exquis
> Sans moy font peut (*sic*) d'amis
> Je donne de l'esprit
> Fait paraitre grand
> Se luy (*sic*) que l'on croy petit.

Cette gourde est de forme ronde; à son pourtour sont des anneaux destinés à la suspendre.

Les dessins qui ornaient alors la faïence, les lambrequins, les culs de lampes, les guirlandes, les corbeilles et les bouquets de fleurs enrubannés à la Pompadour, les anges bouffis, les amours, les muffles de lions, les dauphins, ne sont pas seulement sur la céramique, ils sont aussi sur les étoffes, ils ornent les livres et les appartements, partout on peut en retrouver les traces, jusqu'au règne de Louis XVI.

Les faïenceries du Midi et du Nord, comme celles de toute la France, se sont copiées les unes sur les autres, par suite des pérégrinations des décorateurs: Claude Borne, fut successivement décorateur à Lille, à Rouen, à Sinceny, puis à Tournai, d'autres ont travaillé à Nevers et à Sinceny, selon des certificats qui en font foi.

En 1774, Chamou, adopte un genre particulier, il établit à Lille une fabrique de terre brune, appelée *Terre de Saint-Esprit*, d'où sortaient des cafetières, théières, des tourtières, pâtés, gardes-manger, plats à bouillir, cabarets pour servir à table thé, chocolat et café.

Ces pièces résistaient au feu et étaient couvertes d'un vernis d'écaille tortue, *qu'il n'y avait rien de si magnifique et travaillé à faire plaisir,* disait l'inventeur.

Ces faïences n'étaient pas tout à fait inconnues à Lille, on en avait vu déjà quelques pièces chez un marchand, venant de deux cents lieues, mais c'était une grande rareté.

Il se proposait de faire aussi des étuves pour se chauffer l'hiver sans voir le feu, à la mode d'Allemagne.

Ces pièces en terre brune, recouvertes d'un vernis marbré entremêlé de quelques pièces de faïence, ou espèces de carreaux, comme il convient aux cheminées, produisaient toujours selon l'inventeur, un effet tel *qu'il n'y avait rien de si charmant.*

On ne sait si cette fabrique travailla longtemps, mais on trouve assez fréquemment en Flandre, des objets qui répondent, à la description donnée par Chamon, en terre façon d'Angleterre ou de Languedoc, très-légère, d'un émail noir, ou brun foncé très-brillant, d'une forme soignée et même élégante. Les pots ou théières de cette nature sont souvent enrichis d'une monture en argent, ce qui indique que l'on accordait une certaine valeur à ces objets.

Les fabriques établies à Strasbourg par Hanon, celle de Nidervillers, dirigée par Custine, portent à peu près les mêmes décors, le même émail, d'une blancheur remarquable, et parfois d'une grande finesse.

Les sujets chinois, les fleurs, les oiseaux en sont les principaux ornements.

Les faïences lorraines à décors violacés, avec ou sans marques, sont assez reconnaissables.

Je possède, comme spécimen de cette faïence, deux médaillons en bas-relief, où l'on voit sous deux aspects différents, deux avares, l'un pressant contre sa poitrine un sac rempli d'écus ; l'autre comptant son argent dans sa main. La jubilation est admirablement peinte sur la physionomie de ces harpagons. J'ai vu en même faïence des groupes et des figurines satiriques, d'une exécution assez soignée, notamment dans la collection de M. Creuzé de Latouche.

Faïences Picardes.

Dans chacune de nos anciennes provinces, il existait autrefois des fabriques de faïence, mais le nombre de celles qui ont atteint une certaine célébrité n'est pas considérable.

La Picardie ne figure pas sous ce rapport au premier rang

dans l'ordre chronologique, mais par les produits de la fabrique de Sinceny (1), établie en 1737, par M. Fayard, gouverneur de Chauny et seigneur de Sinceny, elle peut rivaliser avec les établissements les plus remarquables.

On trouve, en effet, dit M. Warmont (2), des échantillons qui peuvent être produits au grand jour et figurer avec honneur dans les collections des curieux.

« Mais la cause de l'indifférence dans laquelle sont restés les auteurs à l'endroit de la faïence de Sinceny, et de l'oubli dans lequel on l'a laissée est précisément la ressemblance avec celle de Rouen. Et puis, il faut le dire, il y a pour toutes ces choses une question de mode qui séduit les meilleurs esprits et les connaisseurs les plus délicats. Partout, mais à l'hôtel Drouot surtout, les destins sont changeants, et les marchands vendent successivement sous des rubriques différentes, les produits innommés de fabriques inconnues. »

M. Warmont possède plusieurs pièces caractéristiques du genre décoratif employé à Sinceny ; camaïeu bleu, imitation de Chine, arabesque, genre de Rouen, aussi en bleu, quelquefois réhaussé de rouge. Les dessins polychrômes présentent la plus grande variété et sont parfois remarquables par la fantaisie de la composition, la richesse et l'harmonie des couleurs. Le décor de Rouen, dit à la corne d'abondance, souvent reproduit à Sinceny, offre cependant quelques différences, quelques signes, que M. Warmont espère faire connaître par suite de nouvelles études et comparaisons. Puisse-t-il vaincre toutes les difficultés de cette tâche.

Le Nevers, le Strasbourg, le Marseille ont aussi été imités à Sinceny, mais souvent par le procédé du poncis, comme M. Warmont l'a remarqué, notamment sur deux caisses à fleurs et sur une assiette à chinois rose et vert qu'il possède.

Ce dernier genre à sujet chinois, est assez répandu ; j'ai vu en effet, des pièces assez nombreuses de ce décors, comme

(1) Village situé près de Chauny (Aisne).

(2) *Notice sur les anciennes faïences de Sinceny,* Noyon 1863, in-8°.

soupières, assiettes, tasses, moutardiers, auxquels il ne manque qu'une marque certaine pour pouvoir les attribuer à cette manufacture.

On a fabriqué à Sinceny des plats, des assiettes, des sucriers, des saladiers, des burettes, des pots de toute forme, décorés d'inscriptions, des porte-bouquets, des bénitiers, des encriers élégants, à tiroirs, avec fleurs en relief, des bobèches, des vases d'ornement, des souliers, des sabots, des fontaines, des lanternes, des animaux, chiens, lions, des oiseaux, etc.

On y a aussi fabriqué des soldats en costume du temps de Louis XVI soit à pied, soit à cheval, en terre cuite, de couleur, mais vitrifiables, servant de jouets aux enfants.

Il paraît que ces pièces sont devenues aujourd'hui assez rares, mais il ne faut pas trop sans doute regretter leur disparition au point de vue de l'art.

Les pièces de Sinceny sont rarement datées, M. Warmont signale comme la plus ancienne date qu'il ait rencontrée, celle de 1758, figurant sur un chauffe-main à décor polychrome, qui porte l'inscription suivante: *Liber Ludovici Guilbert.*

M. Warmont considère comme une marque assez certaine du Sinceny un S entre deux points ; quelques objets portent le nom entier, mais le plus grand nombre n'a point de marque, et comme ledit M. Demuin, c'est à la lourdeur et à la légèreté de la pâte, à la nuance de son émail, aux nuances particulières de certaines couleurs, à la forme et au dessin, qu'on reconnaît l'origine et le temps de la création.

Cette distinction n'est pas toutefois aussi facile à faire qu'on pourrait le croire, à cause des imitations parfaites qui ont lieu, à Sinceny, particulièrement.

Le savant directeur du Musée céramique de Rouen, M. André Potier, croyait que la fabrique de Sinceny, tout en imitant les décors Rouennais, s'était éloignée des formes assez pures des fabriques Normandes, pour adopter les formes tourmentées et le genre rocaille.

C'est là un signe distinctif, bien caractérisé, et qui pourrait servir de règle, si d'autres genres n'avaient pas été fabriqués en même temps et ne venaient pas semer en ceci le trouble et la confusion.

Je crois que l'on peut attribuer à la fabrique de Sinceny, deux jolies pièces de la collection de M. Edouard Barbier, d'Amiens. L'une de ces pièces porte la marque de l'*S* entre deux points, signe qui n'est pas toujours à lui seul une preuve, mais il s'accorde ici avec le genre de décors, la nature de l'émail et du coloris, rappelant l'ornementation d'objets signalés par M. Warmont et par d'autres amateurs, comme étant du Sinceny incontestable.

L'autre pièce est une cuvette à pans, décorée d'oiseaux, d'un caféier et d'une petite *fabrique,* de genre chinois, elle porte la marque S. C.

Rien n'est plus discutable que les marques au point de vue de l'origine de fabrication, certains connaisseurs, au nombre desquels est M. André Potier, prétendent qu'il n'y a pas de marques de fabricants, et que celles que l'on rencontre sont des marques d'artistes décorateurs.

Cependant nous savons qu'il existe des objets portant en toutes lettres le lieu de la fabrication, et que d'autres objets marqués d'initiales, de monogrammes et de noms entiers d'artistes équivalent à un certificat d'origine, surtout lorsqu'on aura suivi par des tableaux chronologiques semblables à ceux de M. Dubroc de Séganges, les traces des décorateurs dans les divers centres de fabrication.

La vue des originaux ou les dessins des deux pièces que je viens de signaler serviront beaucoup mieux à les faire connaître et apprécier que toutes les descriptions possibles.

Une chose digne de remarque, c'est que beaucoup de pièces d'une qualité supérieure sont complétement dépourvues de marques. Ce qui n'est pas une petite cause d'embarras pour la classification.

Des nombreux documents que j'ai consultés, il résulte que le seigneur de *Saincheni* (Sinceny), ayant découvert dans son parc des veines de terre propres à fabriquer la faïence, eut en vue d'imiter surtout les produits de Rouen et de Nevers.

Piganiol de la Force, prétend que cette vaisselle était fort délicate. Ce que l'on attribue aujourd'hui à Sinceny, en tant qu'imitation rouennaise, est au contraire fort lourd, comme le Rouen lui-même. Ces ouvrages, dit le même auteur, résistent au feu, sont très-beaux et très-estimés, en sorte que les ouvriers ne pouvaient suffire aux demandes, et cela vers 1753. Trente ouvriers du pays étaient alors occupés à cette manufacture, outre les dessinateurs et les peintres qui avaient été mandés de divers endroits.

Toutes les matières premières se trouvaient à Sinceny même, excepté l'émail et la peinture, dont le directeur s'était réservé la composition.

On opérait, dit encore Piganiol, non-seulement comme à Rouen et à Nevers, mais encore comme dans tous les endroits où il y avait de semblables manufactures.

Est-ce à dire qu'on a imité à Sinceny tous les genres ?

C'est ce que l'avenir nous apprendra (1).

J'ai vu récemment un plat, à coins mouvementés, marqué de l'*S* entre deux points, décoré de fleurs, d'oiseaux, et de deux personnages chinois ; types français, plus allongés que ceux du céleste empire, le coloris est plus pâle que le Rouen, on y remarque plus de violacé ; la couche d'émail est fort mince. C'est un genre que l'on ne rencontre pas dans les marques authentiques d'origine rouennaise, mais est-ce réellement du Sinceny ?

La réunion d'un plus grand nombre de pièces authentiquement marquées Sinceny en toutes lettres, finira par nous fixer sur les divers genres décoratifs en usage dans cette fabrique.

______

(1) Sinceny n'a pas, que je sache, imité les belles faïences bleues Rouennaises de Louis Poterat, fabriquées de 1544 à 1699, ni la première époque de Nevers, jaune italien, mais il a assez bien imité les faïences postérieures (1720 à 1742), ornées de broderies et de quadrillés, du normand Nicolas Fauquet, ainsi que toutes les faïences à ornement polychrômes.

Les fabricants de Sinceny ont notamment imité le décor au pavillon du rouennais Guillebaud, et même les statuettes de Villeray, qui réunissent l'élégance de la forme à la beauté des émaux.

Le genre rocaille est peut-être celui qui a été le plus imité dans ce centre de fabrication picarde.

Le décor au carquois, marqué de Sinceny, est fort rare.

Ce n'est que depuis peu d'années que les amateurs ont fini par reconnaître que les faïences de Sinceny avaient été confondues par eux avec celles de Rouen.

M. Potier, à la fin de 1865, m'écrivait ceci :

« La faïence de Sinceny est venu jeter quelques troubles parmi nos amateurs rouennais, elle n'a point cependant ébranlé mes convictions ; ces faïences sont tellement rares à Rouen que, après avoir recueilli pendant 30 ans des faïences de Rouen ou jugées comme telles, alors qu'il n'était pas question d'imitations, après avoir formé mon petit Musée et l'avoir rendu public, j'y ai conduit plusieurs amateurs de Sinceny, et ils n'ont pas su m'en montrer une seule pièce. »

Ces amateurs se trompaient, car, depuis, bien des pièces de Sinceny ont été reconnues comme ayant été classées à tort dons le Rouen.

M. Potier ajoutait :

« Les faïences de Sinceny ne sont si rares dans nos contrées, selon ce que m'a dit le frère de M. Champfleury, que parce qu'elles s'écoulaient entièrement vers les Flandres, d'où elles commencent à nous revenir maintenant par les vicissitudes du commerce de la curiosité. »

C'était toujours le résultat de la même méprise : le Sinceny confondu avec le Rouen.

Mais la lumière se fait tous les jours par la vue d'un grand nombre de pièces marquées Sinceny. Et d'ailleurs les qualités de cette faïence sont tellement similaires avec le Rouen que les marchands et les amateurs estiment autant les produits de l'une que de l'autre fabrication. Il n'y a pas non plus de différence dans les prix.

Les pièces non marquées, postérieures à 1735, peuvent en général être tout aussi bien attribuées à Rouen qu'à Sinceny.

M. Lepage, directeur d'une faïencerie existant encore à Sinceny, a soin de mettre son nom sur les moindres ustensiles sortant de son établissement.

J'ai eu souvent occasion de le voir sur des vases et des pots étalés dans les *potières* de la campagne, ainsi inscrit: *Sinceny*, *Lepage*, au milieu d'un cœur enflammé, peint en bleu, au simple trait (1).

Chantilly.

Chantilly, ville de l'ancienne Picardie, d'où sont sorties de si ravissantes porcelaines, fabriquées sous la direction du duc d'Orléans, n'aurait-elle pas produit aussi des faïences artistiques ?

Je serais tenté de me prononcer pour l'affirmative, si j'en jugeais par certaines pièces non marquées, dont les décors, genre de Saxe ou de Sèvres, ont une grande ressemblance avec ceux de la porcelaine exécutée dans l'ancienne résidence des Condé (2), mais cette absence de marque, jointe au silence des historiens, entretient dans le doute et fait hésiter jusqu'à nouvelle découverte (3).

Ce qui est certain pourtant c'est que des fabriques de faïence ont existé à Chantilly, fabriques d'où sont provenus des services de table, dont plusieurs pièces portaient au revers et en creux dans la pâte : *Chantilly*.

(1) La planche ci-jointe donnera une idée des variétées de marques usitées à Sinceny à différentes époques.

(2) Voy. sur l'origine des porcelaines de Chantilly, de Saint-Cloud, de Sèvres, les divers ouvrages de Legrand-d'Aussy.

(3) C'est en 1740 que les frères Dubois, artistes distingués, employés à Chantilly par le duc d'Orléans, quittèrent cet établissement pour aller renforcer celui de Vincennes que dirigeait M. Fulvi, mais néanmoins on continua avec d'autres ouvriers à fabriquer de la porcelaine à Chantilly. Dans le même temps existait aussi une verrerie importante à Follembrai, près de Coucy.

Ces pièces sont couvertes d'un émail jaunâtre, dans le genre des faïences de Wedgwood, ou de la terre de pipe : elles ont les bords festonnés, unis ou bordés d'un liseré vert, sous lequel sont pratiquées de petites hachures dans la pâte, figurant comme des plis.

Ce même décor se voit aussi sur le Wedgwood que l'on a sans doute voulu imiter.

Quelques services en blanc, d'une époque postérieure, ont les bords perlés et sont à pans ; les pièces principales de ces services, telles que soupières, compotiers, etc., ont des couvercles dont les boutons sont formés par des fruits en rocaille.

Le même genre de faïence était fabriqué à Montereau et à Choisy, à une époque contemporaine, c'est-à-dire sous les règnes de Louis XV et Louis XVI ; les produits de ces deux villes sont tellement ressemblants qu'il est à présumer que les deux fabriques étaient dans les mêmes mains, comme l'ont été les établissements de Creil et de Montereau, qui ont eu de nos jours le même directeur.

Le nombre des pièces signées du lieu de chacune de ces fabriques est extrêmement restreint.

Camus, dans son *Voyage fait dans les départements* (1803), dit que le blanc des faïences de Chantilly est parfait, ayant cependant une teinte jaune verdâtre ; il le trouve bien supérieur aux produits de Luxembourg, qui étaient rougeâtres. Une douzaine d'assiettes ordinaires coûtait alors trois francs.

Chauny.

En 1770, le sieur Dumontier demanda à l'Intendant de Picardie la permission d'établir à Chauny une manufacture de faïence. (Archives de la Somme, série C.)

De cette fabrique sont sorties des pièces décorées d'oiseaux, de paysages, de chinois bleus, ayant beaucoup de ressemblance avec celles fabriquées à Chantilly.

Rouy.

Rouy, est un village près de Chauny, où l'on a aussi fabriqué de la faïence, dans le genre de Sinceny.

A l'égard d'une autre fabrique que la tradition place à Ognes, près de Chauny, M. Warmont n'a pu encore s'assurer si elle a réellement existé.

Comme on le voit, les chercheurs ont encore beaucoup à faire de ce côté, et je serais bien surpris si de patientes investigations n'amenaient pas la découverte de quelque fabrique encore inconnue.

Esmery-Hallon & Vron.

Des recherches toutes récentes ont déjà amené, la découverte de pièces fabriquées dans deux autres localités de la Picardie, à Esmery-Hallon, canton de Ham, gros village de près de 1500 habitants, qui fut jadis l'une des baronnies du riche marquis de Nesle. Cette fabrique existait au siècle dernier, elle a produit notamment des assiettes à dessins polychrômes, de guirlandes, fleurs de lys, etc., des pièces avec les portraits de saint Martin, de saint Louis et de saint Honoré. Il existe aujourd'hui dans cette localité d'importantes fabriques de poteries communes et de carreaux.

On a fabriqué à *Vron,* canton de Rue, des pots, des brocs en faïence, réprésentant Napoléon Ier, et divers autres personnages, des plats et des assiettes à fleurs et ornements dans le genre pratiqué à Desvres. Ces pièces sont assez décoratives. On en trouve qui sont marquées V^{on}.

Plusieurs fabriques du Nord et de la Picardie ont produit des faïences marbrées et herborisées, qui se rencontrent rarement aujourd'hui. L'herborisation s'obtenait par le pinceau sur la pièce fraîchement ébauchée et avant la cuisson; les couleurs étaient variées, mais la plus agréable était celle du bistre.

GRÈS ET TERRES CUITES DU BEAUVAISIS.

Dès le milieu du xvie siècle la Picardie livrait au commerce des grès et des terres cuites assez remarquables et assez précieux pour être offerts en présent aux rois, et pour être admis dans les cabinets des amateurs célèbres de cette époque (1). Il arrive encore souvent aujourd'hui que les pièces fabriquées alors auprès de Beauvais sont confondues avec les beaux grès bruns, gris, ou blancs de Cologne.

M. Tremblay dit que les poteries de Savignies remontent à la plus haute antiquité, et constate qu'il en a été trouvé des débris dans les fouilles de *Bratuspance*. On croit, dit-il, par tradition, dans la contrée, que Jésus-Christ et saint Pierre ont visité le village de Savignies.

Les grès de Savignies ont été célébrés par Rabelais, Loisel, Baif, et ces auteurs assurent que cette localité fournissait des vases à l'Angleterre, aux Pays-Bas, d'où ils nous sont peut-être revenus quelquefois comme objet de curiosité et d'antiquité, sous l'étiquette de *Grès de Flandres*.

L'Hérault, village du canton de Songeons, aurait eu, dit-on, des poteries antérieurement à Palissy.

Les fabriques du Beauvoisis exécutaient encore au siècle derniers une foule de calvaires, de statuettes et d'objets de piété, inspirés peut-être aux fabricants par la tradition dont nous venons de parler.

M. Demmin signale l'existence des grès de Beauvais dans la collection la plus belle de l'Europe, celle de M. le conseiller d'Etat de Weckerlin, en Hollande, où elles figurent à tort parmi les objets d'origine Allemande.

Cette revendication d'origine Picarde ne semble pas contestée.

Les grès et terres cuites fond brun rougeâtre, émaillés en

---

(1) Voy. *Recherches sur la Céramique*, par Greslou, Chartres, 1864.

vert et jaune, de Savignies, commencèrent à se répandre vers 1550. Cette fabrication existait encore au siècle dernier, mais alors elle avait perdu son cachet artistique. On rencontre assez fréquemment des pièces de la dernière époque, mais celles du XVI⁰ siècle sont extrêmement rares. Celles du XVII⁰ signées *Masse,* ne se rencontrent pas non plus facilement. Ce potier *illustrait* ses plats d'ornements en relief, représentant les attributs de la Passion de Jésus-Christ. La fabrique de M. Ziégler, à Voisinlieu, ouverte en 1839, fermée en 1856, a donné quelques beaux produits.

Aujourd'hui encore on tire de Beauvais des grès gris communs, dont l'émail bleu rappelle les anciens grès de Flandres. Alexis Monteil, dans son *Histoire des divers états,* mentionne ainsi la poterie et la faïence Picarde, qui servaient jadis à l'usage journalier.

« Ayant vu dans la Normandie les belles *Gresseries* sans couverte, je ne manifestai pas à Beauvais une grande admiration pour les flacons vernissés en bleu. Ah ! me dit un des chefs d'atelier, ne méprisez pas notre vaisselle de terre : elle n'est pas encore si commune que dans beaucoup de ménages, on en ressoude les cassures avec du blanc d'œuf, de la chaux, et que bien des petits bourgeis ne s'en passent et ne mangent sur des assiettes de fer ou de bois. »

Du récit de Monteil, il semble résulter que Beauvais, outre la poterie et les grès, aurait aussi fabriqué de la faïence, mais moins estimée que celle de Rouen et de Nevers, que les procédés de raccommodage de la faïence étaient connus dès le XVI⁰ siècle.

Passant au XVIII⁰ siècle, le même Alexis Monteil, fait exhiber à un seigneur Russe sa plus belle vaisselle. C'était une faïence française, épaisse, lourde armoriée, du temps de la régence. Ce moscovite voulant savoir si sa faïence était à la mode, consulte, et on lui répond : « La faïence à la mode est de deux sortes : l'une blanche comme votre lait, peinte de fleurs fraîches comme celles de vos prairies, l'autre mince

comme du carton, ornée de légères sculptures, de légers filets
de couleurs, elle vient d'être imitée des Anglais, qui depuis
longues années l'avaient empruntée aux Hollandais. C'est sur
cette faïence qu'on est parvenu à transporter des estampes, des
vers imprimés, de la musique et à les y fixer par la colle, le
vernis et la cuisson ; en sorte que lorsque vous avez mangé ce
qui est sur votre assiette, vous y voyez ou les Tuileries, ou St.-
James, ou le Palais d'hiver de Saint-Pétersbourg ; et lorsque
vous avez bien bu, vous chantez, si vous voulez, une ariette,
l'assiette à la main (1). »

Il est bien peu d'établissements de céramique qui aient sur-
vécu à la Révolution, mais il ne faut pas croire que ce soit l'es-
prit de vandalisme qui les ait tous renversés. Ils furent anéan-
tis par un autre genre de révolution, par le traité de commerce
avec l'Angleterre, qui jeta sur le continent des montagnes de
faïences britanniques, lesquelles se répandirent partout à
cause du bon marché et de la nouveauté, comme je l'établirai
plus loin.

En 1795, MM. Michel eurent le courage de fonder, près de
Gouincourt, une fabrique de faïence, dite : l'*Italienne,* ayant
produit des figurines et des groupes décorés de couleurs tran-
chées sur fond blanc, représentant des vierges, des saints, des
évêques et aussi des animaux, surtout des chiens.

Les quelques fabriques françaises qui cherchèrent à lutter
ne donnèrent pendant longtemps que des produits inférieurs ;
d'art il n'y en avait plus ! Je ne puis qualifier d'objets artistiques cette vaisselle fabriquée sous la République dont elle
porte les devises et les symboles variés et gradués. Elle a son
cachet, curieux, comme image historique du temps. Ceux qui
en font collection ont du moins cette satisfaction là. M. Champfleury, un écrivain distingué que la Picardie a vu naître, a su
faire une histoire fort intéressante de la céramique de cette
période.

(1) Tom **V**, p. **88** et **89** de l'*Histoire des divers états.*

Les faïences populaires ont d'ailleurs plus d'un apologiste, que l'on me permette de transcrire le jugement d'un écrivain de la presse parisienne sur ce sujet.

« Ce ne sont pas les fins objets qui ont valu à l'ancienne fabrique de Nevers sa réputation ; non, ce sont de simples assiettes de paysans grossièrement enluminées de fleurs imaginaires ou égayées de devises, de mirlitons. Et pourtant nous les regardions avec plaisir, nous les verrions même avec regret remplacées par une porcelaine plus délicate, qui serait hors de saison aux champs. Elles éveillent en notre souvenir le tableau d'un de ces intérieurs de chaumières, sur le buffet de laquelle elles prennent part au concert pittoresque de l'ameublement : elles vont avec le coucou au cadran taché de rouge, qui bat la mesure ; avec ces naïves imageries d'Epinal qui racontent en leurs vifs bariolages les amours d'Estelle et de Némorin, avec les rideaux et le baldaquin de cotonnade aux tons crus, qui ensevelissent le lit de noyer dans leur basse alcôve ; avec le fichu de la ménagère, chamaré de coquelicots et de bluets ; avec toute la maison enfin, qui a elle-même la blancheur de la chaux et tranche sur la verdure d'alentour. »

(Paul Dalloz. *Moniteur* du 13 septembre 1863).

En recueillant aujourd'hui les épaves de la céramique de tous les âges, les musées comme les particuliers font acte méritoire ; il n'y a pas de mal même à ce que la passion s'en mêle un peu, pourvu qu'elle ne soit pas poussée trop loin.

Les particuliers peuvent n'avoir d'autres limites que leurs goûts personnels, mais le champ de la fantaisie ne doit pas être aussi vaste pour un musée.

Les Musées, les Collections particulières en Picardie.

Je voudrais voir dans les Musées de la Picardie de beaux spécimens des principales fabriques de France et même des fabriques étrangères, des types bien authentiques, pouvant servir de sujet d'étude et de comparaison. Ce serait un véritable service à rendre aux artistes, aux travailleurs comme au public, dont les yeux seraient véritablement charmés par une réunion d'objets de bon choix.

En attendant la formation au Musée d'Amiens d'une collection de céramique aussi intéressante. C'est en visitant les collections particulières que les amateurs peuvent se former le goût.

Le Musée d'Amiens possède déjà quelques belles pièces de céramique en Rouen, Sinceny, Strasbourg, etc., et notamment une curieuse réunion de faïences patriotiques.

Personne n'a oublié que Mme Cornuau, dont les goûts artistiques sont connus, a beaucoup contribué à faire naître dans le pays, l'idée de recueillir la céramique. Son exemple fut bien vite suivi ; les dames, il faut le reconnaître, ont un tact exquis, un coup d'œil sûr, une parfaite délicatesse de goût, qui sont pour elles, outre l'etude, un excellent moyen de distinguer les jolies choses.

On voyait dans les salons de Mme Cornuau, le Rouen de la belle époque, aux décors camaieu ou multicolore, et même le Rouen dit à la *corne d'abondance,* brillant de tons et de couleurs, appendus aux murailles, posés sur les étagères, à côté des belles pièces de Haguenau de Nidervillers, de Marseille, dont les bouquets rouges, bleus et verts se détachent si bien sur un fond d'émail blanc.

M. Edouard Barbier a réuni des pièces de première qualité, notamment un plat ovale dit *Bouclier,* à décors bleu de Rouen, qui ne mesure pas moins de 50 centimètres sur 70, de ravissantes jardinières de Nidervillers, des plats à anses de Strasbourg, de beaux plats et une belle soupière de Rouen.

M. Larangot ouvre ses appartements au Delft, au Rouen, au Nevers, et en général à la céramique de toute provenance. Il en possède un nombre considérable. Les pièces capitales et de premier choix s'y rencontrent à chaque pas et y sont journellement attirées par le goût du maître et par sa générosité.

La maison habitée par M. Larangot semble vouée aux collections : elle abritait naguère les trésors artistiques, les tableaux remarquables de feu M. le comte de Betz, dont la science et l'urbanité étaient fort appréciées, et c'était avec raison, car il a contribué plus que qui que ce soit au développement des goûts artistiques dans le pays, à encourager de jeunes artistes, dont quelques-uns, comme Jules Lefebvre, sont, grâce à lui, devenus des maîtres.

La collection de M. Delpech brille par le Moustier, le Marseille, le Rouen fin, à décors polychrômes, et le Haguenau.

Que dirai-je de l'admirable cabinet de M. Mennechet ? Tout y est de premier choix. Cet amateur, connaisseur et homme de goût, s'est surtout attaché à réunir des pièces rares et d'une belle conservation, intéressantes pour l'histoire de la céramique.

Existe-t-il un plat à barbe plus magnifique que celui de Moustiers, qui est là, dont le fond est un véritable tableau, et dont les bords sont délicieux ? Et le pot de même faïence, à décors fantastiques, mais malheureusement endommagé (1), et ces vases de Nevers, décorés de personnages à la Watteau, le Rouen au carquois, le grès de Savignies, orné de personnages en costumes Henri II.

On ne trouve chez M. Mennechet que des types en tout genre. Quels beaux spécimens de porcelaine de Saxe, de Sèvres, quelle adorable soupière de Chantilly, décorée de fleurs, de dragons, etc., à forme contournée, sortant de la manufacture royale, véritable bijou que l'heureux possesseur tient de sa famille.

Que de belles et magnifiques pièces je pourrais encore signaler chez M. Barbier, chez M. le marquis de Landreville, dont la céramique italienne et armoriée de diverses origines et des plus remarquables, chez M. Creuzé de Latouche, chez

---

(1) C'est peut-être du reste la seule pièce avariée de ce beau cabinet, où l'on admire encore une cuvette de Moustiers, signée Olery, et dont le sujet représente deux personnages fantastiques de Rabelais, tirés de son Pantagruel.

MM. Dubos, Dufour, Houdbine, Dausse (1), Lemor, Duflos, Quignon, Leroy, Baril, Bagnéris, Jourdain, Gesbert de la Noë Seiche, chez Mmes Pollet (2), Duvette (3), Cambronne et ailleurs.

Ce n'est pas seulement dans la capitale de l'ancienne Picardie que l'on trouve des collections de céramique, on en cite aussi de fort remarquables à Doullens, à Abbeville, chez MM. Raoul-Mellier, Dimpre, Barbieux, Rosot et autres ; à Péronne, à Beauvais, à Saint-Quentin et dans plusieurs bourgs, villages et châteaux. Les collections de M. le marquis de Clermont-Tonnerre à Bertangles, de M. Hanquez à Acheux, Lecocq et de Chauvenet à Saint-Quentin, Maréchal et de la Herche à Beauvais, sont fort belles.

Presque tous les châteaux de la Picardie et diverses habitations particulières renferment de belles porcelaines et faïences, sans parler des autres objets d'art, dont j'ai déjà eu occasion de parler dans mes *Recherches sur l'orfévrerie.*

L'exposition régionale, qui a eu lieu en 1860, sous l'habile direction de M. Boyer de Sainte-Suzanne, n'a pas peu contribué à répandre le goût de ces collections (4). M. Dupin n'a pas, que je sache, blâmé ce luxe là.

(1) M. Dausse a en Moustiers véritablement ancien : un magnifique vase dit bain de pied, orné en bleu de personnages en costumes. Louis XV, figurant dans un paysage ; une fontaine à pans et un beau bassin à mufles de lions, des plateaux et surtouts de table, etc.

(2) Mme Pollet possède notamment deux plats dits *au carquois,* d'une grande finesse d'exécution, des fontaines, des bassins, des légumiers, des soupières, des pichets, des plats et des assiettes en grand nombre.

(3) La collection de Mme Duvette, soigneusement épurée d'objets médiocres, brille par certaines pièces richement blasonnées ou ornées d'initiales entrelacées. Ce qui domine est le Rouen fin ou le Sinceny, de toutes les époques, à décors bleu ou polychrôme, rayonnant, au lambrequin, au pavillon chinois, au carquois, à la coquille, à la corne, etc. Puis viennent le Delft doré, le Nevers bleu lapis, le Strasbourg, le Marseille, etc.

(4) Plusieurs collections des premières formées, et qui n'étaient pas sans intérêt, celles de MM. Giron, à Amiens, Moillet à Péronne, etc., ont déjà été dispersées par les enchères, après les décès de leurs propriétaires.

Récemment encore une collection intéressante, où le Rouen à la corne dominait, vient d'être vendue à Amiens, et les prix obtenus peuvent rivaliser avec ceux qui ont cours à Paris.

Il est du reste prouvé que le luxe ne peut être funeste ; au contraire, il fait la prospérité des nations, et n'est un mal que pour les vaniteux qui, par leur désir de briller, ne savent pas rester dans une limite couvenable à leur position. Mais d'un autre côté il est regrettable que les personnes en état de dépenser sans compter, ne soient pas toujours celles qui ont le plus de goût pour les objets d'art et de luxe. C'est même souvent le contraire qui existe.

Faïences Anglaises.

L'invasion des faïences anglaises a eu lieu à Amiens comme partout, mais la vogue en fut de courte durée, même pour les objets artistiques, comme on va le voir. Pourtant, si courte que fut cette concurrence, elle n'en porta pas moins un coup mortel aux faïences françaises, ainsi que je l'ai dit, non par le mérite des objets britanniques, mais à cause de leur bon marché. Un peu plus tard, d'ailleurs, et pour ajouter à ce désastre, les guerres et les événements du temps amenèrent la cessation presque totale de toute fabrication artistique.

« Le s^r Verlingue, propriétaire du magasin de faïences anglaises, dites de *Wedgwood,* établi depuis un an à Amiens en la maison de M. Carré, jurépriseur, rue de la Viéserie, donne avis qu'il a fait transporter ce magasin en la maison de M. Remy Mimerel, même rue, vis-à-vis celle des Verts-Aulnois. » (Affiches du 5 juin 1790.)

Dès le 26 juillet 1790, les marchandises qui composaient le magasin rue de la Viéserie, 237, furent vendues au plus offrant et dernier enchérisseur.

Les faïences à vendre consistaient entr'autres choses en cinq beaux services complets à bords, de différentes couleurs, pots dorés à fleurs, plats et assiettes festonnés, tasses, soucoupes, etc.

Les anciennes faïences de Wedgwood ne se rencontrent pas communément aujourd'hui, mais on en fait des imitations.

Il y a une trentaine d'années, il existait à Amiens, comme
en d'autres villes, sans doute, un dépôt de faïences de tables,
assez curieuses, dont chaque pièce représentait un épisode
historique ou des vues de villes et de monuments.

Ces décors, exécutés en grisailles, par un procédé d'impression, pour lequel le fabricant avait obtenu un brevet d'invention, offrent de nombreuses vues prises en Picardie, et des re-
présentations historiques qui semblent tirées des *figures de
l'Histoire de France*, gravées par Le Bas, Moreau et autres artistes célèbres.

Lille.

Voici, en ce qui concerne la fabrique Lilloise, des documents que j'emprunte à un travail déjà cité, qui pourront
compléter ceux qui précèdent sur les questions de privilége et
de tarif, sur la nature et la quantité des objets fabriqués à
Lille.

Requête à MM. Le Reward, maïeur, conseil et huit hommes
de la ville de Lille, présentée en 1711 par les sieurs Barthé-
lemy Dorez et Pierre Pellissier :

« Ayant eu l'honneur de vous présenter des échantillons
d'une nouvelle fabrique de porcelaine, façon de Chine, le
sieur Dorez et Pélissier, son neveu, désirent faire leur établissement en cette ville et demandent la permission d'y
fabriquer de la porcelaine et de la faïence d'une nouvelle composition, résistant aux feux des fours et autres, sans se casser ;
laquelle faïence ne sera pas moins agréable et utile au public
que la porcelaine.

Ils espèrent de vous, Messieurs, tous les secours possibles et
raisonnables pour seconder leurs bonnes intentions dans l'établissement d'une chose aussi curieuse qu'utile et qui ne peut
qu'augmenter la bonne renommée de cette ville, qui sera la
seconde de l'Europe où l'on ait jusqu'à présent eu de pareilles
fabriques, hors la Chine et les Indes. »

Il fut répondu favorablement à cette requête le 25 avril 1711.

Au mois d'août de la même année, Dorez demande un privilége exclusif pour le débit de sa porcelaine, pour empêcher la concurrence que voulaient lui faire ceux qui croyaient avoir le secret de faire la même porcelaine que lui.

Il assurait être le seul, avec M. Chicanneau, de Saint-Cloud, qui eussent le véritable secret de la faire pareille aux échantillons qu'il avait produits.

Le maître de la manufacture de Rouen, ayant cru avoir pénétré dans le secret, s'était ingéré de faire et de vouloir faire vendre à Paris, pour fabrique de Saint-Cloud, une porcelaine qui donnerait une mauvaise réputation à cette dernière ; l'abus s'étant découvert, il fut contraint de n'en plus fabriquer. Et c'est sur cet exemple que le suppliant se fondait pour obtenir son privilége.

Rechercher un privilége royal, c'est à quoi on s'appliquait alors ; à défaut, on cherchait à se placer sous l'égide de protecteurs puissants, c'est ainsi qu'on vit des fabriques à Paris et ailleurs sous le patronage de Monsieur, frère du roi, du comte d'Artois, du duc d'Angoulême, du duc d'Orléans, de Marie-Antoinette, dont les produits portent encore les noms de *Porcelaine à la Reine.*

Le Perre-Durot sollicitait l'autorisation de mettre sur la partie principale de son établissement, à Lille, les armes royales, avec l'inscription : « Manufacture royale. » Il ne fut pas fait droit immédiatement à cette demande, mais en 1785 il fut autorisé à écrire sur sa porte principale le titre de : *Manufacture royale de Mgr le Dauphin.*

Les droits d'entrée étaient alors considérables : dix livres par cent pesant brut, dûs aux cinq grosses fermes, d'après le tarif de 1664 ; en sorte que les sieurs Dorez et Pélissier, voulant en être déchargés, adressèrent à ce sujet une supplique.

Le Conseil d'Etat, sur l'avis des directeurs de la Compagnie des Indes, intéressée au bail général des fermes, conclut à l'abaissement du tarif, comme on l'avait fait en 1719 pour la fabrique de Bordeaux.

En conséquence, il fut décidé que Dorez ne paierait aux entrées que cinquante sols par cent pesant, non compris les quatre sols par livre et les droits particuliers de la ville de Lille.

En 1784, le grand feu de l'établissement de Leperre-Durot, pouvait produire par cuissons 2,359 pièces composées principalement de :

103 déjeuners à la reine.	114 brocs.
117 assiettes.	54 cafetières.
10 grands bols.	4 seaux.
3 gobelets façon d'argent.	25 sucriers.
10 glacières.	700 tasses.
Une lampe de nuit.	87 théïères.
2 plateaux d'aiguières.	5 grandes figures.
27 pots à l'eau.	11 moyennes.
83 pots à jus.	22 petites
4 pots à sucre.	11 groupes.
548 soucoupes.	56 urnes.

La Céramique du Nord, Terres et Faïences de Douai, à l'Exposition de Valenciennes.

L'exposition de Valenciennes qui a eu lieu en 1872 a révélé, une suite peu connue auparavant de faïences et terres fonds rouge ou noir, fabriquées à Douai, sous le règne de Louis XVI et pendant la Révolution. Les pièces de cette exhibition appartenant à M. Th. Bilbaut, de Douai, sont décorées d'ornements jaspés, émaillées de jauno, bleu, vert, brun et rose ; il s'en trouve avec des guirlandes et festons en relief. Un vase d'ornement, n° 2, du catalogue, est signé: Martin *Damanès,* propriétaire d'une des faïenceries de Douai. Un porte-huilier, n° 10, est décoré de chimères en relief. Un buste de Voltaire, n° 18, décoré de bleu sur le cru et de noir au grand feu, est coiffé du bonnet phrygien. Sous le n° 22 est décrit un pichet de table, représentant un Roger bon temps, sur un tonneau.

Nous devons signaler aussi, un groupe d'enfants et de faunes se livrant au jeu et à la danse, un drageoir, avec l'effigie de Louis XVI, en relief, un autre avec les armes de France et l'inscription : *Vive le Roi*, une statuette signée : *Blondel*. Et comme preuve que cette faïencerie n'est pas restée inactive pendant l'époque révolutionnaire, constatons que plusieurs objets, outre le buste de Louis XVI, cité plus haut, portent bien le cachet du temps, notamment un drageoir en terre brune, avec la légende en bleu, sur le cru : *Vivre libre ou mourir*. Mais c'est surtout antérieurement à la Révolution que les fabriques douaisiennes ont joui d'une certaine prospérité, tant pour les objets usuels que décoratifs : cheminées, carreaux de revêtements, services de table, signés : *Laigle et Compagnie*, groupes, bustes, statuettes, animaux, oiseaux, fantaisies.

Les mêmes établissements ont fabriqué des biscuits en pâte tendre et dure, avec la signature de *Bra*, statuaire. Le préfet Dieudonné a dit dans une statistique que des bustes de Bonaparte, en biscuit tendre de Douai, pouvaient rivaliser avec ceux de Sèvres.

On doit savoir gré à M. Bilbaut d'avoir réuni et exposé une pareille collection, destinée à fournir le sujet d'une étude intéressante aux céramistes compétents.

La céramique du Nord, St-Amand, Valenciennes, (collection Lejeal) était largement représentée à cette exposition, et peut fournir bien des éléments à l'histoire de l'art dans cette partie de la France. Il s'y trouvait peu de spécimens des faïences de Desvres et des autres fabriques du Pas-de-Calais. Les collectionneurs de ce département ne manqueront pas de suivre l'impulsion et feront sans doute connaître aussi leurs richesses en tout genre.

LES FAÏENCES ARMORIÉES ET CHIFFRÉES.

Le P. Ménestrier, dans sa *Méthode de blason*, a dit avec justesse et à propos, en parlant de la science héraldique : « on s'en sert utilement sur la vaisselle » (1). D'après le célèbre historien, c'est seulement au commencement du XVIIIe siècle que l'on commença à marquer les émaux des blasons par des traits qui les font connaître, même sans couleurs ou émaux, dans les gravures et dans les estampes, par ce que l'on nomme des hachures, lesquelles se marquent : *l'or*, par des points, *l'argent,* par des fonds blancs, sans aucun trait ; l'azur, par des lignes couchées, et tirées d'un flanc à l'autre de l'écu, horizontalement ; les *gueules,* par des traits perpendiculaires, de haut en bas ; le *sinople,* par des lignes diagonales de droite à gauche ; le *sable,* tout noir, par des traits croisés. On peut y ajouter le *pourpre,* par des traits de gauche à droite.

Grâce à ces explications, on peut facilement comprendre la signification des blasons non coloriés, gravés sur le papier ou posés en camaïeu sur la céramique, mais c'est surtout à la beauté des émaux et à l'intérêt historique et biographique rappelé par ces armoiries que les faïences doivent leur mérite et leur intérêt. C'est là en effet une précieuse qualité pour ceux qui ont le culte du souvenir et de la provenance.

Le prix des objets est en raison de la célébrité de leur origine, ou des motifs d'affection pour lesquels on les recherche. Là du moins il n'y a pas de doute possible sur la question de possession, si chère en certains cas, et garantie par le blason. Il faut seulement se prémunir contre les armoiries nouvellement peintes, fraudes imaginées, depuis le haut prix des faïences, par la cupidité de certains spéculateurs.

---

(1) Au commencement du XVe siècle, on voyait déjà des armoiries sur les majoliques italiennes, ainsi qu'on peut s'en assurer en visitant le Musée du Louvre. (N°s 93, 120, 349 du Catalogue). Et, comme on l'a dit plus haut, les grés de Savignies, ainsi que ceux de Flandres et d'Allemagne, étaient bien souvent ornés de blasons, à partir du XVe siècle.

Au point de vue artistique, la richesse des émaux du blason, et des ornements qui l'accompagnent, la beauté du dessin, et de la composition, augmentent naturellement la valeur des pièces où ce véritable cachet nobiliaire figure.

Il est certain, par exemple, que des pièces de céramique où resplendissent en magnifiques émaux des armoiries royales ou princières avec leurs attributs, ou mieux encore le blason bien orné de quelque célèbre favorite, de telles pièces, dis-je, sont sans prix pour quelques collectionneurs.

On estime aussi à l'égal des blasons la vaisselle chiffrée en lettres initiales, imitées des alphabets redoublés dont Armand Desmarets, sieur de Saint-Sorlin, a dessiné les gracieux modèles. (Paris, Charpentier, 1664). Il est certain, par exemple, qu'une faïence quelconque, portant le simple D, bien vrai, de Mme Dubarry, atteindrait un prix considérable.

Les armoiries et les chiffres que l'on rencontre le plus souvent en Picardie, sur la céramique, sont celles des ducs de Penthièvre et d'Orléans, du Dauphin, des Mailly, des Cröy, des Nicolaï, et de quelques autres familles, qui avaient jadis des domaines dans le pays.

Plusieurs particuliers ont recueilli les épaves de ces riches collections, dispersées à diverses époques, d'autres sont venues par les hasards du commerce. On rencontre aussi des pièces avec les armes de France et de Navarre, ayant sans doute appartenu aux souverains qui ont régné pendant les deux derniers siècles, ou à quelques membres de leur famille.

Il se trouve quelques fois de simples vases de pharmacie, et de la vaisselle de table, ornés des blasons de leurs anciens possesseurs, ou d'armoiries de villes.

De 1793 à 1794, dit M. Champfleury, la céramique à la fleur de lys, et avec d'autres marques rappelant la monarchie et la féodalité, était reléguée dans les cachettes, ou bien détruite. Une réunion d'objets aussi précieux aurait constitué aux yeux des dictateurs de l'époque une sorte d'aristocratie de l'art, qui n'aurait pas été tolérée et qu'il n'eût pas été sans danger d'exhiber. Nul n'aurait osé orner sa table d'une autre vaisselle que celle qui portait les attributs du temps.

Mais, dès le 3ᵉ jour du 2ᵉ mois de l'an deux, les possesseurs de vaisselle armoriée étaient rassurés par un décret de la convention qui, pour empêcher « les écarts de l'ignorance et de la malveillance », défendait de « détruire, mutiler, altérer, les signes de féodalité ou de royauté, chez les artistes, ouvriers, marchands et dans les cabinets, musées publics ou particuliers ».

La convention éclairée par les abus auxquels avait donné lieu l'application du précédent décret de l'an 2, (18ᵉ jour du 1ᵉʳ mois) considérait avec juste raison qu'il fallait conserver intacts tous les objets pouvant intéresser les arts, l'histoire et l'instruction ; sans quoi l'industrie et le commerce de la France auraient bientôt perdu la supériorité alors acquise sur l'étranger.

En dépit de ces mesures conservatrices on eût encore malheureusement à déplorer la perte de plusieurs objets d'art, par suite d'aveugles préjugés et de regrettables violences.

LES IMITATIONS.

Tous les genres de faïences sont aujourd'hui imités à Gien, dans la fabrique dirigée par M. Geffroy, qui s'inspire des anciens modèles et des meilleurs décorateurs des XVIIᵉ et XVIIIᵉ siècles, il fait revivre les dessins de Berain, de Callot, de Demarne, de Redouté, des artistes italiens, saxons, etc. Les faïences genre Marseille, surpassent, à mon avis, toutes les autres par leur belle exécution et la réussite des coloris. Les produits de la fabrique de Choisy-le-Roi ne viennent qu'en seconde ligne.

M. Keller, à Lunéville, imite les anciennes faïences Strasbourgeoises et celles des autres fabriques de l'Est, mais il n'atteint pas toujours la finesse des anciens types.

M. Schneider à Sarreguemines fabrique d'assez belles faïences, mais il se distingue surtout par des grés artistiques.

On décore à Paris dans plusieurs ateliers des porcelaines et des faïences à sujets variés, genre, paysages et personnages, d'après les grands peintres des diverses écoles. Ces décors sont exécutés sur des pièces en blanc qui subissent une ·nouvelle cuisson. Ils sont bien supérieurs aux mêmes espèces qui se fabriquent en Angleterre, par le poncis, le décalque et l'impression.

A Tours et ailleurs on imite les terres de Palissy, les faïences Persannes à reflets métalliques, etc.

Les imitations de Delft faites en nombre prodigieux et sans art, ont jeté un grand discrédit sur les productions de ce pays.

On peut se faire une idée de toutes les imitations en visitant les magasins de nos marchands.

M. Porthiot, mort l'année dernière, à Paris, dit le *Moniteur des Arts*, était le plus célèbre des *vieillisseurs* de faïences, 3,000 pièces au moins ont pris entre ses mains l'aspect de l'antiquité et n'ont pas procuré à son auteur moins de 200,000 francs.

Un autre industriel encore vivant, fait, dit-on, sa spécialité de vieillir les nouvelles faïences à sujets galants.

On imite tout, on vieillit tout, mais un œil exercé ne craint pas toutes ces ruses.

Et, s'il advenait, en définitive, que par le progrès de la science, on arrivât à une imitation tellement parfaite que toute distinction fut impossible entre l'ancienne céramique et la nouvelle, le prix des anciennes faïences pourrait baisser, — ce qui ne serait pas un grand malheur, — mais l'art moderne y gagnerait beaucoup sous tous les rapports.

ÉTAT

Des Manufactures de Faïence & de Porcelaine qui existaient en France vers 1789, d'après M. Dubroc de Séganges, & d'autres documents tirés des rapports des assemblées provinciales & départementales :

	Nombre		Nombre
Paris	14	Montpellier	2
Sceaux	1	Moustiers	5
Bourg-la-Reine	1	Vorages	3
Chantilly	1	Nismes	2
Melun	1	Bordeaux	8
Montereau	2	Saintes	2
Rouen	16	Toulouse	2
Havre	2	Limoges	1
Bourvalles	1	Dieu-le-Fils	1
Nevers	12	Saint-Vallier	1
Marseille	11	Marthe	2
Tours	1	Rennes	1
Lyon	3	Nantes	1
Saint-Omer	1	Quimper	2
Aire	1	Marinial	2
Lille	2	Renac	1
Valenciennes	1	Mones	1
Douai	2	Bazas	1
Dijon	2	Angoulême	1
Macon	2	Bourg en Bresse	5
Orléans	2	Roanne	1
Aprey (1)	1	Poitiers	1
Grenoble	2	La Rochelle	1

(1) *Aprey*, arrondissement de Langres. Fabrique Lallemand, 1740 à 1750, Olivier et fils, successeurs jusqu'en 1792. Marque : A. P., suivie de l'initiale du décorateur. Lourd, de forme et de pâte, décors présentant tous les caractères d'une aquarelle largement exécutée. Les fleurs qui semblent lavées à grande eau ne sont pas cernées par un trait souvent sec et dur, comme sur les faïences de Lorraine et de l'Alsace. Le pourpre de cassius est moins cru. Le vert tire sur le jaune, d'autre fois sur le vert bleu intense, avec fleurs roses pourpre.

La deuxième époque est caractérisée par de charmants oiseaux genre saxe, quelquefois par des personnages chinois.

Le pourpre de cassius ne va pas au grand feu.

	Nombre		Nombre
Langres	1	Vaucouleurs	1
Besançou	3	Verneuil	1
Saint-Cenis (Sinceny)	1	Nidreville ou Nidervillers . . .	1
Lunéville	3	Hagueneau	2
Saint-Clément	1	Thionville	1
Moyat	1	Ancy-le-Franc	1
Rambervillier	1	Mont-Louis	2
Epinal	2	Boulogne	1
Saint-Dié	1	Laplume	1
Toul	1	Montauban	1
Darmière . . . , ...	1	Hardes	1
Bechaune	1	Bergerac	2
Bois-Dépause	1	Espédel	1
Clermont-Argone	5	Auxerre (1)	2
Montaigu	1		

En tout 230 à 240 fabriques, à 50 ouvriers en moyenne, pour lesquels le traité de commerce fait avec l'Angleterre était la cause de bien des désastres, par l'introduction des faïences anglaises en France.

Ajoutons qu'un assez grand nombre d'établissements, manquent encore à cette liste.

(1) A Auxerre, Ancy-le-Franc et autres localités de la Bourgogne, il a été fabriqué des faïences de second ordre de couleurs rougeâtres et violacées, assez curieuses, dont le Musée céramique d'Auxerre, offre diverses variétés.

Amiens. — Imp. Émile GLORIEUX et Cⁱᵉ, rue du Logis-du-Roi, 13.

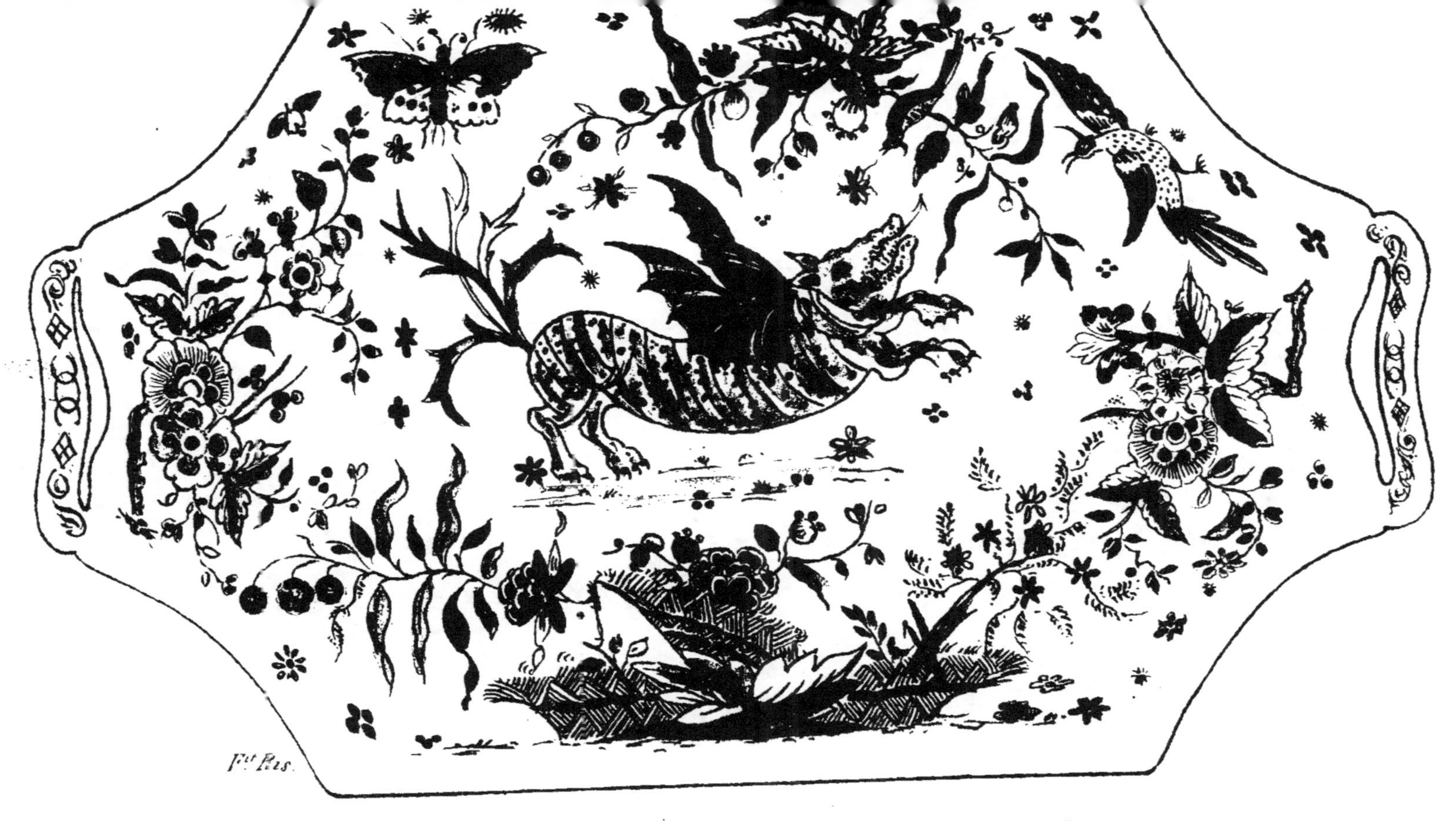

PLAT DIT AU DRAGON.

SINCENY.

S	·S·	L.JLC. pinxit 1776 ioseph le Cerf.	B. T. bertrand	·C·S·
S+	Sincheny 8.me D	S.A	S.C.Y. Pierre Jeunnot	S / GL
S	S:	·S· AyD alexandre daussy	IHS 1774	·S.pellevé